ASIA GWIS

# EL LIBRO DE LOS PÁJAROS

## La riqueza del mundo de las aves

Editorial el Pirata

# POR TODO EL MUNDO

Las aves viven en todo el planeta. Hay más de diez mil especies. No les asusta ni el frío polar de la Antártida ni el calor tórrido de los trópicos. Son muy diferentes: pequeñitas como el colibrí zunzuncito o enormes como el avestruz. Las hay de todos los colores y con plumajes de distintos diseños. Algunas son excelentes aviadoras que pueden recorrer distancias extraordinarias; otras no vuelan, como los pingüinos o los kiwis de Nueva Zelanda. Unas construyen sus nidos en los árboles, otras se refugian en madrigueras en el suelo. ¿Quieres conocerlas de cerca? Acompáñanos en este viaje por el mundo de las aves.

1. Águila calva. 2. Cardenal norteño. 3. Frailecillo coletudo. 4. Cóndor californiano. 5. Guacamayo barba azul. 6. Ibis escarlata. 7. Amazona frentiazul. 8. Tucán toco. 9. Trompetero aligrís. 10. Fragata común. 11. Pingüino de las Galápagos. 12. Pájaro bobo de patas azules. 13. Toco piquigualdo norteño. 14. Avestruz. 15. Cálao terrestre sureño. 16. Marabú africano. 17. Picabueyes piquigualdo. 18. Buitre orejudo. 19. Flamenco común. 20. Marabú argala. 21. Grulla sarus. 22. Cálao rinoceronte. 23. Cálao bicorne. 24. Faisán dorado. 25. Perdiz rulrul. 26. Estornino de Bali. 27. Andarríos chico. 28. Grulla de coronilla roja. 29. Ave del paraíso roja. 30. Ave del paraíso de Alberto. 31. Ave del paraíso republicana. 32. Cacatúa rosa. 33. Emú común. 34. Cisne negro. 35. Cacatúa de moño amarillo. 36. Casuario común. 37. Cacatúa colirroja. 38. Ibis blanco australiano. 39. Pingüino enano. 40. Calamón takahe con la cría. 41. Kiwi.

# YO, EL PÁJARO...

¿Sabes qué es lo que distingue las aves de otros representantes del mundo animal? No es la capacidad de volar, porque no todos los pájaros la tienen. Se trata de las plumas. Tienen muchas funciones: les permiten mantenerse calientes, dan forma y color a sus cuerpos y les ayudan a volar. Cubren la mayor parte del cuerpo. Cerca de la piel se encuentra el plumón, plumas suaves que abrigan al pájaro como un edredón calentito. Encima están las plumas de contorno, que le dan la forma aerodinámica. En las alas se encuentran las remeras y en la cola, las timoneras, que facilitan el vuelo y las acrobacias aéreas. Las plumas son la ropa de los pájaros. Algunos prefieren tonos tenues y apagados, a otros les gustan colores más vistosos, como a las extraordinarias aves del paraíso de Nueva Guinea o a los pavos reales. Con la vestimenta intentan llamar la atención de los representantes del sexo opuesto. Los pájaros cuidan mucho sus plumas, las peinan, alisan y limpian con agua o con arena.

ANATOMÍA DE LAS AVES
1. Cabeza 2. Orificio nasal 3. Pico 4. Cuello 5. Pecho
6. Ala 7. Obispillo 8. Tarsometatarso
1
2
3
4
5
6
7
8
El esqueleto
de los pájaros está compuesto por muchos huesos muy ligeros.
Plumas de contorno
Plumón
Los sentidos
Aunque los pájaros carecen de orejas para captar los sonidos, tienen un oído muy bueno. Sin embargo, su sentido principal es la vista.

# ENSÉÑAME TU PICO...

## ...y te diré qué comes.

Hay picos largos y cortos, rectos y ganchudos, coloridos y negros, gigantes y chiquititos. Picos adaptados a recoger pequeñas frutas y semillas y picos que atrapan peces como una red. Picos martillo para cascar nueces y picos pajita para extraer el néctar de las flores. Picos que permiten cazar insectos, orugas, larvas, pequeños reptiles y roedores. Picos adaptados a comer de todo y altamente especializados.

1. Cálao bicorne. 2. Colibrí picoespada. 3. Estornino soberbio. 4. Estornino pinto. 5. Garcita verdosa. 6. Pinzón carpintero. 7. Tucán toco.
8. Cardenal norteño. 9. Frailecillo común. 10. Ostrero euroasiático. 11. Flamenco rojo. 12. Piquituerto lorito.

# LA PRIMAVERA EN EL BOSQUE

Aunque a veces es difícil verlo, entre las copas de los árboles de bosque siempre hay mucho ajetreo. Los pájaros –pequeños y grandes, coloridos y negros– construyen nidos, se cortejan, ponen o incuban huevos, se ocupan de los polluelos, buscan alimento, saltan por las ramas o simplemente descansan. La cigüeña negra moja las patas en el arroyo, el abejero se acerca sigilosamente al nido de las abejas silvestres y el mosquitero silbador ensaya sus trinos.

1. Búho chico. 2. Papamoscas cerrojillo. 3. Pinzón vulgar. 4. Cuervo grande. 5. Carbonero montano. 6. Agateador norteño. 7. Reyezuelo sencillo. 8. Urogallos. 9. Papamoscas papirrojo. 10, 24. Curruca capirotada. 11. Camachuelos. 12, 16. Mosquitero silbador. 13. Trepador azul. 14. Pico mediano. 15. Pito negro. 17. Mitos. 18. Abejero europeo. 19. Arrendajos euroasiáticos. 20. Petirrojo europeo. 21. Pito real. 22. Reyezuelo listado. 23. Cigüeña negra.

# EL PÁJARO URBANO

Podría parecer que la ciudad no es un buen sitio para los animales silvestres y que la van a evitar.
Sin embargo, algunas especies de aves se sienten muy a gusto entre los humanos.
Llevan mucho tiempo viviendo en las ciudades y ampliando allí sus familias.
Aunque no lo parezca, las ciudades tienen mucho que ofrecer. Hay bastante comida, no solo insectos, semillas o frutas que se pueden encontrar en los parques y jardines urbanos, sino también la basura que está por todas partes. A nadie le sorprende ver un grupo de palomas dándose un festín al lado del contenedor de basura. También hay muchos sitios donde las aves pueden construir nidos y criar polluelos: los huecos en los edificios, los campanarios de las iglesias o los matorrales, donde hay menos depredadores hambrientos que en su hábitat natural.

## EL INVIERNO EN LA CIUDAD

Durante el invierno, cuando hay menos comida, puedes ayudar a los pájaros alimentándolos. Sin embargo, hay que hacerlo con cabeza. **¡Jamás se les puede dar pan!**

¿Cuál será el mejor alimento para la mayoría de las aves? Pipas de girasol, frutos secos –sin sal y triturados–, trozos de manzana, semillas secas, cereales y para los carnívoros como los carboneros, dados de tocino o panceta.

1. Vencejos. 2. Gavilán común. 3. Grajos. 4. Urraca común. 5, 6. Corneja cenicienta. 7, 8. Gorrión común. 9, 12. Paloma bravía. 10. Carbonero común. 11. Grajillas occidentales.

**EN EL CAMPO** viven muchos pájaros. No solo los silvestres, que habitan los campos de cultivo, los prados y los bosques, sino también las aves de corral criadas por el hombre:

Como los patos, los gansos, las gallinas, las pintadas, los pavos... Aquí siempre hay mucho trajín.

**¿Puedes encontrar 12 diferencias entre estas dos imágenes?**

1. Guacamayo jacinto. 2. Guacamayo escarlata. 3. Tucán toco con la cría. 4. Tucán ariel. 5. Arasarí fajado. 6. Tucán de pico rojo.
7. Gallito de las rocas guayanés. 8. Gallito de las rocas peruano. 9. Urraca de cresta alborotada. 10. Momoto yeruvá occidental. 11. Mieleros verdes.

# LA AMAZONIA

En Sudamérica, en la espesa selva amazónica, viven extraordinarias aves, preciosas y coloridas, como los alegres y sociables guacamayos, los tucanes con enormes y extravagantes picos, los quetzales, considerados pájaros sagrados por los indígenas, y muchos colibríes que beben el néctar de las flores.

**Intenta encontrar todos los pajaritos (las crías de los pájaros) de la imagen.**

La mayoría de los pingüinos se marchan tierra adentro para reproducirse. Caminan varias decenas de kilómetros. El récord pertenece al pingüino emperador, que recorre la distancia de 100-160 kilómetros hacia el interior de la Antártida.
Pingüinos macaroni
Pingüino de penacho amarillo austral
Pingüino papúa con la cria
Grupo de pingüinos de Adelia
Pingüino barbijo
Los **pingüinos** dedican varias horas al día a cuidarse las plumas. ¿Por qué lo hacen? Durante esos tratamientos cosméticos esparcen la grasa que aísla las plumas y las protege del agua fría.
Los **pingüinos emperador** inventaron un método genial para proteger del frío a sus polluelos. Se ponen al pequeñín encima de los pies para que no toque el suelo y lo mantienen caliente con el calor del cuerpo.
El pingüino emperador es el más grande de todos los pingüinos. ¡Alcanza 120 centímetros de altura y puede pesar hasta 30 kilos!

# LOS PINGÜINOS

Es una familia de aves extraordinaria. A diferencia de sus primos, no saben volar y llevan unos fracs de plumas muy elegantes. Habitan las aguas del hemisferio sur: las costas de la Antártida, de Nueva Zelanda y de las islas Malvinas; solo los pingüinos de las Galápagos viven más al norte. A los pingüinos les encanta el agua. Son excelentes nadadores y buceadores, gracias a la forma de su cuerpo y a sus alas, parecidas a remos pequeños. Saben nadar muy rápido y zambullirse a profundidades de hasta 200 metros. Una espesa capa de plumas parecidas al pelo y una gruesa capa de grasa debajo de la piel les permiten aguantar el frío y nadar en el agua helada. Los pingüinos son muy sociables: se juntan en grandes grupos llamados colonias.

Pingüino papúa

Pingüino rey con su cría felpuda

**Ahora tú**

Ponte en los pies una pelota o un globo. Camina con el «huevo» como los pingüinos, intentando mantenerlo sobre los pies el más tiempo posible. Es complicado, ¿verdad?

## UN HUEVO PRECIOSO

Los pingüinos emperador y rey no hacen nidos porque allí donde viven no tienen materiales para construirlos. «Incuban» el huevo en... las patas, debajo del pliegue de piel del abdomen. La mamá del pingüino emperador le pasa el huevo al papá y se marcha a buscar comida. En cuanto a los pingüinos rey, ambos padres se turnan incubando el huevo. ¡Caminar con un huevo encima de los pies tiene que ser difícil y agotador!

# LAS CASAS DE LOS PÁJAROS

Las casas de los pájaros se llaman nidos. Allí ponen huevos y crían los polluelos. A veces también les sirven de refugio. Tienen formas diferentes dependiendo de la especie: podemos encontrar nidos en el suelo, en las ramas o incluso flotando en el agua. Algunos pájaros viven en las cavidades en los árboles, por ejemplo las abubillas, los loros y los carpinteros. Otros construyen nidos con palillos, briznas de hierba, hojas, musgo o plumas. Hay especies que los hacen con montículos de barro o arcilla y las hay que ponen los huevos en cornisas de roca, en huecos de los edificios o en madrigueras excavadas en los barrancos. Los cucos ponen sus huevos en los nidos de otras aves que tienen huevos parecidos y esperan a que otros hagan todo el trabajo.

Abubilla

Cisne mudo

¿Dónde crees que quiere abandonar su huevo el cuco?

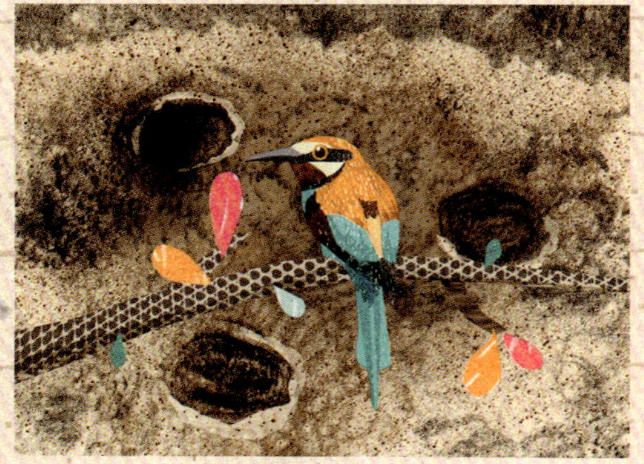

Abejaruco europeo

Golondrina

Hornero común

Zorzal común

Pájaro moscón europeo

CASITA PARA ALQUILAR
Muchos pájaros –los gorriones, los carboneros, los trepadores azules, los estorninos pintos o los cárabos– pueden vivir en casitas hechas por el hombre. Se instalan durante todo el año, aunque lo mejor es hacerlo a partir del otoño hasta el final del invierno, en un lugar tranquilo y poco frecuentado por la gente.
Los tejidores son famosos por sus grandes nidos en forma de cesta, hechos de briznas de hierba, palillos y ramitas que entretejen usando únicamente el pico.
Flamenco
Las casitas deben estar hechas de madera, tener un tejadillo inclinado y un agujero de entrada adaptado al tamaño de una especie de ave concreta. No se puede montar una espiga al lado de la entrada: aunque le da a la casita un aspecto pintoresco, los pájaros no la necesitan, y además atrae a invitados indeseados y peligrosos.

# EL HUEVO

Todo el mundo sabe que los pájaros ponen huevos de los que después salen los polluelos. Pero fíjate cómo se distinguen entre sí los huevos de diferentes especies, no solo por su **tamaño**, sino también por su **aspecto**.

La **gallina** ha perdido un huevo. Encuéntralo y llévalo por el camino hasta el resto de la puesta de huevos.

EL MEDIO ACUÁTICO
Ya sabes que las aves habitan todo el planeta. Algunas le han cogido gusto a las zonas acuáticas: las orillas de los lagos, ríos y mares. Allí construyen sus nidos, incuban huevos, crían sus polluelos, consiguen comida, nadan, bucean y duermen. Hay un montón de pájaros aficionados al agua, entre ellos las diferentes especies de patos, los cisnes, los cormoranes, los colimbos, los somormujos, las garzas, los pelícanos y los araos.
¿Por qué el cormorán está de pie y abre las alas? ¿Estará tomando el sol? No. Es que sus plumas no están impregnadas con un aceite especial como el de, por ejemplo, las plumas de los patos. Por eso se empapan cuando se zambulle o se baña en el agua, y después tiene que secarlas bien.
1
2
18
Los pájaros duermen en diferentes posiciones. A menudo sobre una pata. Los que tienen que estar alerta, y de vez en cuando echar un vistazo alrededor, apoyan la cabeza sobre la espalda y abren solo un ojo. Así una mitad del cerebro descansa mientras la otra está en alerta. ¿Sabrías encontrar todos los pájaros que duermen?
5
4
6
3

El **pelícano común** es un excelente aviador y una de las aves voladoras más grandes y más pesadas del mundo. Se alimenta sobre todo de peces, que captura en un gran saco. Suele ir de pesca con sus amigos.

1. Grupo de cormoranes moñudos con las crías. 2. Garza goliat. 3. Pato colorado. 4. Pato mandarín (macho). 5. Garza real. 6. Serreta chica (macho). 7. Pato joyuyo (macho y hembra). 8, 13. Pelícanos comunes. 9. Somormujo lavanco. 10, 18. Patos havelda. 11. Colimbo grande con las crías. 12. Ánade real (macho). 14. Araos comunes. 15, 16. Porrones osculados. 17. Cisne mudo con las crías.

Campanero tricarunculado:
«Los machos de mi especie se distinguen por tres largas
y oscuras barbas que nos cuelgan del pico. Pueden alcanzar
hasta 10 centímetros de longitud».
Paloma crestada Victoria:
«Tengo la cabeza adornada con
una extraordinaria cresta de plumas».
MIRA QUÉ ME DISTINGUE...
Pájaro bobo de patas azules:
«Lo que me distingue son
mis patas y mi pico azules».
Secretario:
«Soy la más original de todas
las aves rapaces. Tengo patas largas,
una figura esbelta, una máscara
naranja y una cresta de plumas
negras en la cabeza».

Frailecillo coletudo:
«De mi aspecto destaca no solo mi pico de dos colores, sino también los plumajes dorados a los lados de mi cabeza. Desgraciadamente, estos plumajes desaparecen en invierno y me quedo calvo».
Ave lira soberbia:
«Los machos de mi especie pueden presumir de una cola hecha de dieciséis plumas. Dos de ellas están rayadas y tienen la forma de una lira, de allí nuestro nombre».
Picozpato: «Algunos dicen que soy raro porque tengo un pico enorme, grueso y ancho. Pero yo no me quejo: gracias a él puedo conseguir comida sin ningún problema».
Espátula rosada:
«Mi pico largo y aplanado se parece a una cuchara. Lo meto en el agua y lo muevo con ímpetu de un lado a otro para filtrar la comida del barro».

# Y EL GANADOR ES...

El **avestruz** gana en varias categorías:
es el MÁS ALTO (puede crecer hasta 275 centímetros),
el MÁS PESADO (hasta 160 kilos),
y el MÁS RÁPIDO CORRIENDO (alrededor de 50 km/h;
¡el récord son 70 km/h!) de todos los pájaros.

...en la categoría de pájaro MÁS PEQUEÑO:
el **colibrí zunzuncito.**
Tiene apenas 5-6 centímetros.
Vive en Cuba.

...en la categoría de pingüino MÁS PEQUEÑO:
el **pingüino enano.**

...en la categoría de pájaro MÁS RÁPIDO VOLANDO:
el **vencejo** y el **halcón peregrino.**
El vencejo puede alcanzar la velocidad de 100 km/h.
También es el pájaro que más tiempo pasa
en el aire (hasta 200 días sin aterrizar,
por ejemplo cuando vuela de Europa a África).
El halcón peregrino volando en picado
–es decir, acelerando hacia abajo–
puede alcanzar hasta 360 km/h.

El **ojo del avestruz** mide alrededor de 5 centímetros de diámetro. Es más grande que su cerebro y que el pájaro más pequeño del mundo, el colibrí zunzuncito.

Mide alrededor de 33 centímetros. Vive en Nueva Zelanda, Australia y Tasmania.

...en la categoría de pájaros MÁS INTELIGENTES: los **córvidos**. Se ha demostrado que saben solucionar problemas, imitar y jugar, y son unos de los pocos animales silvestres que fabrican sus propios juguetes.

...en la categoría de MEJOR DECORADOR DE INTERIORES: el **pergolero**. Durante la temporada de apareamiento, los machos de esta especie de tamaño mediano que vive en Nueva Guinea y Australia construyen nidos decorados con frutas, hojas de colores, plumas y otros adornos que puedan atraer a las hembras.

...en la categoría de pajarito MÁS MONO del mundo (elección subjetiva de la autora): el **mito**.

...en la categoría de PÁJARO DE COLA MÁS CORTA: el **kiwi**, porque... ¡no tiene cola! Este habitante de Nueva Zelanda también gana el premio en la categoría de pájaro con MEJOR OLFATO, lo que lo distingue de sus primos.

1, 4. Cárabo lapón. 2. Cárabo común. 3, 5. Búho real. 6. Búho chico. 7. Mochuelo europeo. 8. Mochuelo chico. 9. Lechuza común. 10. Mochuelos de madriguera.

# VIDA NOCTURNA

¿Qué hacen los pájaros por la noche? ¡Duermen, por supuesto! Pero no todos. Las rapaces nocturnas son aves trasnochadoras de vida solitaria. Suelen estar por los bosques, los parques y los huertos, aunque hay algunas excepciones. El pequeño mochuelo de madriguera prefiere los pastizales y las sabanas, donde se aloja en las madrigueras excavadas por otros animales, y el cárabo común se ha acostumbrado a vivir en la cuidad. Las rapaces nocturnas son genios del camuflaje: tienen un oído extraordinario y vuelan sin hacer ruido. Mientras los demás pájaros duermen tranquilamente, ellas salen de caza. Atrapan roedores pequeños, reptiles e insectos. Durante el día se quedan quietas en los huecos en los árboles y en otros lugares de difícil acceso, permaneciendo prácticamente invisibles.

Durante su viaje, el charrán ártico tiene que aprovisionarse de alimentos. Para «cazar» peces se suspende sobre la superficie del agua, localiza su presa y se lanza a por ella.

# EN MARCHA...

Los pájaros son unos viajeros incansables. La mitad de ellos pasa el año en dos sitios diferentes del planeta. Los viajes que hacen se llaman migraciones. ¿Por qué realizan las aves estos larguísimos vuelos, a menudo intercontinentales? El motivo principal son los cambios estacionales y la necesidad de buscar alimento.

Algunos pájaros viajan solos; otros prefieren hacerlo en grupo, como los estorninos, que se desplazan en impresionantes bandadas (1). Los gansos, los patos y las grullas vuelan de manera más ordenada, en la llamada formación en V (2). El récord de distancia pertenece al charrán ártico (3) que dos veces al año realiza un viaje entre polos. ¡Son 20 000 kilómetros de ida y otros tantos de vuelta! La pequeña aguja colipinta (5) también es una campeona de vuelo. Antes de partir almacena una gran cantidad de grasa para poder sobrevivir el largo y agotador trayecto.

Las migraciones no se realizan únicamente volando. El pingüino de Adelia (4) puede recorrer 13 000 kilómetros al año. ¿Cómo lo consigue, caminando a una velocidad de 4 km/h? Probablemente una parte de este trayecto la hace viajando sobre desprendimientos de hielo flotante o nadando por los canales entre las banquisas.

**EL LIBRO DE LOS PÁJAROS**
**La riqueza del mundo de las aves**

Primera edición: febrero, 2025

Título original: *Czaple, kury i głuptaki, czyli o bogactwie ptasiego świata*

Publicado gracias a el acuerdo con Wydawnictwo Nasza Księgarnia Sp. z o.o.
Consulta ornitológica: Dra. Monika Bukacińska


Sabadell (Barcelona)
info@editorialelpirata.com
editorialelpirata.com

Con el apoyo de

ISBN: 978-84-19898-36-4
Depósito legal: B 2349-2024
Impreso en China

Síguenos en
@editorial_elpirata